Vizita Avó sira iha Foho

Hakerek-na'in: Hercia Monteiro
Ilustrasaun husi Sasha Zelenkevich

Library For All Ltd.

Vizita Avó sira iha Foho

Publikasaun dahuluk 2021

Publikadu husi Library For All Ltd
Email: info@libraryforall.org
Website: libraryforall.org

Livru ida-ne'e bele prodús tanba simu suporta laran-luak husi Education Cooperation Program.

Ilustrasaun husi Sasha Zelenkevich

Vizita Avó sira iha Foho
Monteiro, Hercia
ISBN: 978-1-922621-67-2
SKU01962

Vizita Avó sira iha Foho

Bainhira to'o férias Natál ami sempre bá vizita avó sira ne'ebé hela besik foho hun.

Iha foho udan tau maka'as tebes lor-loron.

Abuabu taka metin
no rai malirin loos.

Iha dadeer ami bá buka tutukeu iha ai-laran.

Ami hakur mota.

Ami la'o iha ai-hun boot sira okos iha ai-laran fuik.

Ami haree manu fuik
furak barak.

Ami rona lekirauk ninia lian.

Yayyyyyy... no ami hetan tutukeu barak.

Ami fila uma ho kontente.

Iha uma, ami tunu tutukeu iha ahi-leten no han batar sona.

Hotu tiha balu toka viola no
kanta hamutuk iha ami-nia
uma-lulik okos.

Ó bele uza pergunta hirak-ne'e hodi ko'alia kona-ba livru ne'e ho ó-nia família, belun sira no mestre sira.

Ó aprende saida husi livru ne'e?

Ho liafuan ida ka rua deskreve livru ne'e. Kómiku? Halo ta'uk? Halo kontente? Interesante?

Ó sente oinsá bainhira ó lee hotu tiha livru ne'e?

Parte ida ne'ebé mak ó gosta liuhosi livru ne'e?

Kona-ba kontribuidór sira

Library For All servisu hamutuk ho hakerek-na'in no artista sira husi mundu tomak atu dezenvolve istória ne'ebé relevante, kualidade di'ak no kona-ba tópiku oioin. Ami halo istória hirak-ne'e ba lee-na'in labarik no joven sira.

Vizita website libraryforall.org atu hetan informasaun atuál kona-ba ami-nia workshop ba hakerek-na'in, informasaun kona-ba oinsá atu submete livru ba publikasaun, no oportunidade kriativu seluk.

Ó gosta livru ne'e?

Ami iha istória orijinál atus ba atus ne'ebé ita bele lee.

Ami servisu hamutuk ho hakerek-na'in lokál sira, edukadór sira, konsellu kultura nian, Governu no ONG sira atu lori ksolok lee ba labarik sira iha fatin ne'ebé de'it.

Ó hatene?

Ami kria impaktu globál iha área hirak-ne'e tanba ami servisu tuir Objetivu Dezenvolvimentu Sustentavel Nasoens Unidas nian.

www.ingramcontent.com/pod-product-compliance
Lightning Source LLC
Chambersburg PA
CBHW040316050426

42452CB00018B/2866

9 7 8 1 9 2 2 6 2 1 6 7 2